A Kalmus Classic Edition

Georges

BIZET

L'ARLESEINNE SUITES

ONE AND TWO

FOR ONE PIANO/FOUR HANDS

K 09531

Kalmus

L'Arlésienne.

1re SUITE DE CONCERT

by

Georges Bizet.

Secondo.

Prélude.

L'Arlésienne.

1re SUITE DE CONCERT

by

Georges Bizet.

Primo.

Prélude.

Secondo.

8
cre - - scen - - do
8
f pp
cre - - - scen -
8
- do
8
8
8

Andantino.
p léger.
Tempo I.

Andantino.
p
Tempo I.
ff
8

Secondo.

1
Andante molto.
très long.
p
dolce
8

Un peu moins lent.
con molto espress.

Un peu moins lent.
con molto espress.

Secondo.

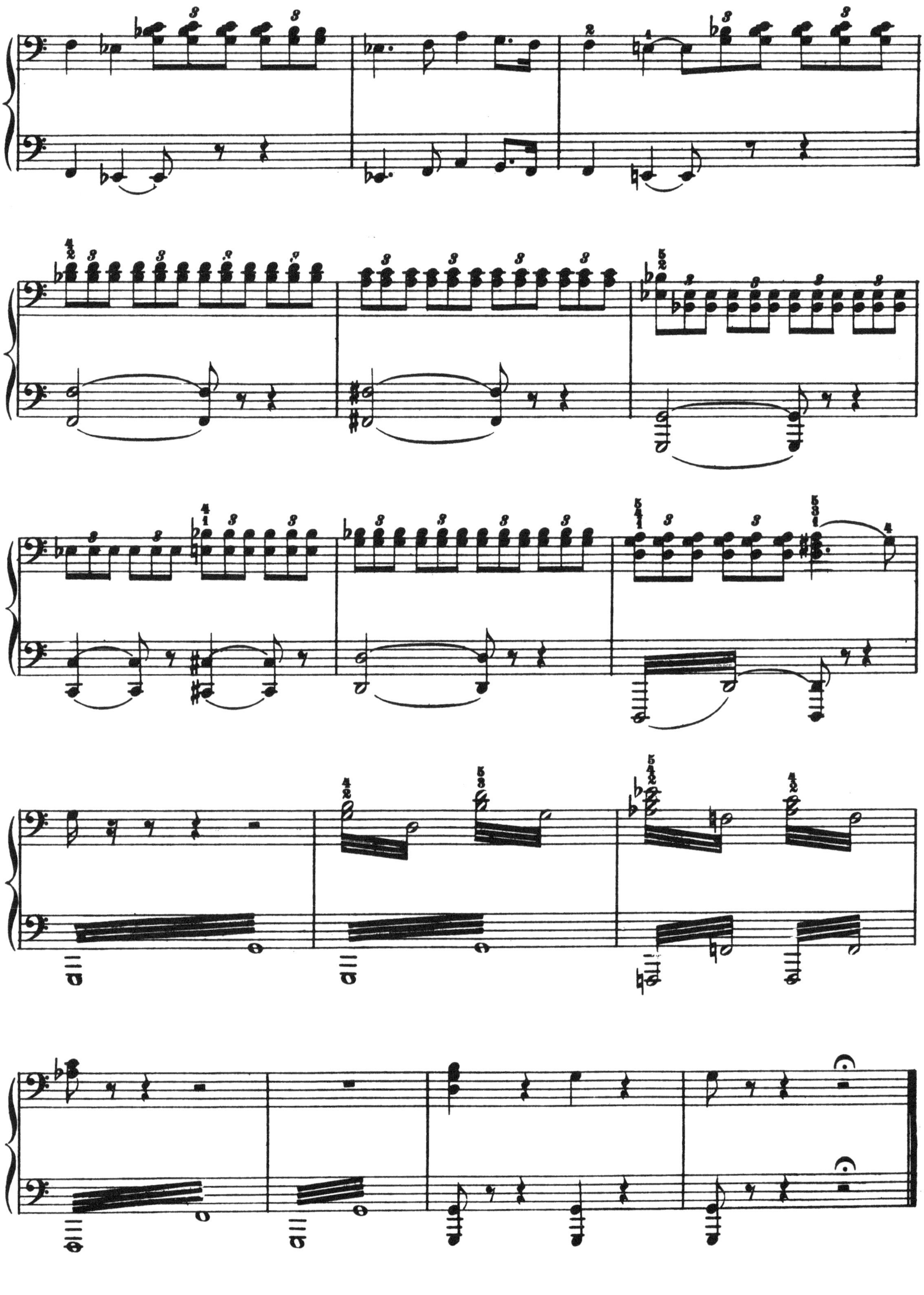

Minuetto.

Secondo.

Allegro giocoso.

Minuetto.

Primo.

Allegro giocoso.

con espress.
p
cresc.
ff
cresc.
ff

cresc.
pp
cresc.
ff
pp
p
mf
f
ff
p

1
1
1
ppp

cresc.
cresc.
ppp

Adagietto.

Secondo.

3.

Adagietto.

Primo.

Carillon.

Secondo.

Carillon.

Primo.

pp
8va bassa
8va bassa
8va bassa
ff
fff
lunga.
Andantino.
p

pp
poco dim.
pp
a poco a poco cresc.
molto.
ff
ff
ff
lunga.
Andantino.
dolce.
pp
cresc.
molto
molto dim.

sopra.

Tempo I.
ff
4
8va bassa

Tempo I.
cresc.
8
ff
ff

L 'Arlésienne.

2e SUITE DE CONCERT

by

Georges Bizet.

Secondo.

Prelude.

Andante.

L'Arlésienne.

2e SUITE DE CONCERT

by

Georges Bizet.

Primo.

Prelude.

Secondo.

mf
cresc. molto.
a tempo.
ff
mf
p
pp
ff
dim. molto.
pp

Secondo.

Andantino.
sosten.

sfz
dim.

f
mf
f
(12)
sfz
dimin.

ff
dimin.
pp
Tempo I.
ff
mf
p
pp
ff
dim. molto.
pp
pp

(143)
ff
dimin.
pp
Tempo I.
ff
mf
p
pp
ff
dimin. molto. pp
pp

Intermezzo.

Secondo.

Andante moderato, ma con moto.

Intermezzo.

Primo.

Andante moderato, ma con moto.

dimin.
p
cresc. molto.
ff
p
ten.
pp
pp
ff molto più
Lento.

Primo.

ff
dimin.
p
cresc. molto.
ff
ff
p
cresc.
molto dimin.
pp
pp
ff molto più
Lento.

Menuet.

Secondo.

Andantino, quasi Allegretto.

3.

Menuet.

Primo.

Andantino, quasi Allegretto.

Secondo.

pp
cresc.
mf
pp
(41)
un poco più f
poco sfz
dolce.
cresc
f dimin.
p cresc.
sf

ff
ff
ff
ff
dim.

cantabile.
leggiero.
p
cresc.
cresc. molto
f
ppp
sempre più dolce
e morendo sempre.
pppp

p
cresc.
f dimin.
dolce.
ppp
sempre piu dolce e morendo sempre.
pppp

Farandole.

Secondo.

Allegro deciso, tempo di marcia.

Allegro assai e deciso.

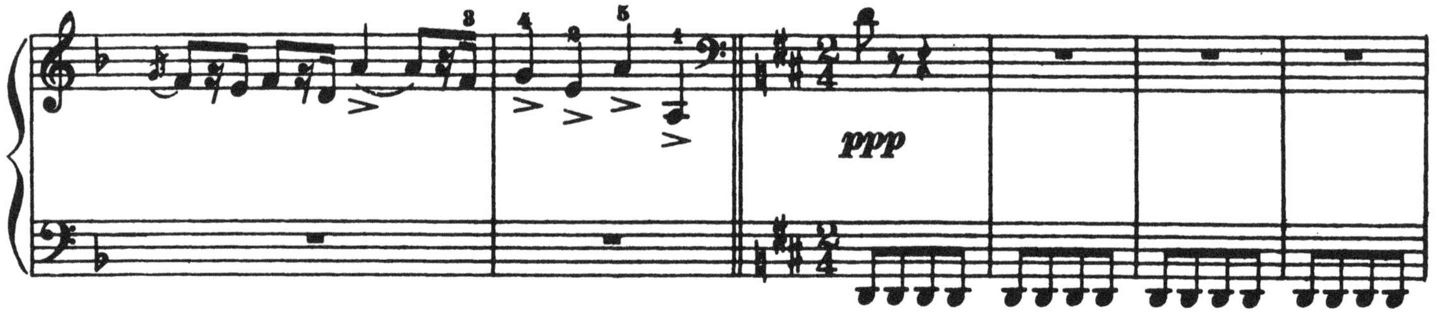

Farandole.

Primo.

Allegro deciso, tempo di marcia.

f

8
8
8
8
8
8
8
f

ff
ff
ff
(21)
(21)

ff
ff

Secondo.

p
ff
p
cresc.

sempre.
ff
fff

sempre
ff
ff

Secondo.

ff
fff
fff
fff
fff
fff
fff
fff
fff
fff
fff
fff

Kalmus